This Journal Belongs to

_____

*They always say
time changes things,
but you actually
have to change them
yourself.*

— ANDY WARHOL

POTTER STYLE

COVER DESIGN: *Danielle Deschenes*

TEXT DESIGN: *Judith Stagnitto Abbate /*
www.abbatedesign.com

www.clarksonpotter.com

ISBN: 978-0-307-71977-5

Printed in China

JANUARY

1

What is your mission?

20___ • _____

_____

_____

_____

20___ • _____

_____

_____

_____

20___ • _____

_____

_____

_____

20___ • _____

_____

_____

_____

20___ • _____

_____

_____

_____

JANUARY

Can people change?

20___ • _____

_____

_____

_____

20___ • _____

_____

_____

_____

20___ • _____

_____

_____

_____

20___ • _____

_____

_____

_____

20___ • _____

_____

_____

_____

JANUARY

What are you reading right now?

20___ • _____

_____

_____

_____

20___ • _____

_____

_____

_____

20___ • _____

_____

_____

_____

20___ • _____

_____

_____

_____

20___ • _____

_____

_____

_____

JANUARY

The best part of today?

20___ • _____

20___ • _____

20___ • _____

20___ • _____

20___ • _____

JANUARY

*What was the last restaurant
you went to?*

5

20___ • _____

_____

_____

_____

20___ • _____

_____

_____

_____

20___ • _____

_____

_____

_____

20___ • _____

_____

_____

_____

20___ • _____

_____

_____

_____

JANUARY

Today was tough because _____.

20___ •_____
_____
_____
_____

20___ •_____
_____
_____
_____

20___ •_____
_____
_____
_____

20___ •_____
_____
_____
_____

20___ •_____
_____
_____
_____

JANUARY

You are lucky; how so or not so?

20___ • _____
_____
_____
_____

20___ • _____
_____
_____
_____

20___ • _____
_____
_____
_____

20___ • _____
_____
_____
_____

20___ • _____
_____
_____
_____

8

JANUARY

What song is stuck in your head?

20___ • _____

_____

_____

_____

20___ • _____

_____

_____

_____

20___ • _____

_____

_____

_____

20___ • _____

_____

_____

_____

20___ • _____

_____

_____

_____

JANUARY

Was today typical?
Why or why not?

20____ • _____
_____
_____
_____

20____ • _____
_____
_____
_____

20____ • _____
_____
_____
_____

20____ • _____
_____
_____
_____

20____ • _____
_____
_____
_____

10

JANUARY

*Write down something that
inspired you today.*

20___ • _____

_____

_____

_____

20___ • _____

_____

_____

_____

20___ • _____

_____

_____

_____

20___ • _____

_____

_____

_____

20___ • _____

_____

_____

_____

JANUARY

Today you lost_____.

20___ •_____
_____
_____
_____

20___ •_____
_____
_____
_____

20___ •_____
_____
_____
_____

20___ •_____
_____
_____
_____

20___ •_____
_____
_____
_____

12

JANUARY

What's your favorite accessory?

20___ • _____

_____

_____

_____

20___ • _____

_____

_____

_____

20___ • _____

_____

_____

_____

20___ • _____

_____

_____

_____

20___ • _____

_____

_____

_____

20____ • _____

_____

_____

_____

20____ • _____

_____

_____

_____

20____ • _____

_____

_____

_____

20____ • _____

_____

_____

_____

20____ • _____

_____

_____

_____

14

JANUARY

Are you a leader or a follower?

20___ • _____

_____

_____

_____

20___ • _____

_____

_____

_____

20___ • _____

_____

_____

_____

20___ • _____

_____

_____

_____

20___ • _____

_____

_____

_____

15

*On a scale of one to ten, how was
your lunch today?*

20___ • _____

_____

_____

_____

20___ • _____

_____

_____

_____

20___ • _____

_____

_____

_____

20___ • _____

_____

_____

_____

20___ • _____

_____

_____

_____

16

JANUARY

Do you owe someone money?
Does someone owe you?

20___ • _____

_____

_____

_____

20___ • _____

_____

_____

_____

20___ • _____

_____

_____

_____

20___ • _____

_____

_____

_____

20___ • _____

_____

_____

_____

JANUARY

What's the oldest thing you're wearing today?

20___ • _____

_____

_____

_____

20___ • _____

_____

_____

_____

20___ • _____

_____

_____

_____

20___ • _____

_____

_____

_____

20___ • _____

_____

_____

_____

18

JANUARY

What was peaceful about today?

20___ • _____

_____

_____

_____

20___ • _____

_____

_____

_____

20___ • _____

_____

_____

_____

20___ • _____

_____

_____

_____

20___ • _____

_____

_____

_____

List three foods you ate today.

20___ • _____
_____
_____
_____

20___ • _____
_____
_____
_____

20___ • _____
_____
_____
_____

20___ • _____
_____
_____
_____

20___ • _____
_____
_____
_____

JANUARY

*Are you holding a grudge?
About?*

20___ • _____

_____

_____

_____

20___ • _____

_____

_____

_____

20___ • _____

_____

_____

_____

20___ • _____

_____

_____

_____

20___ • _____

_____

_____

_____

JANUARY

What are you looking forward to?

20___ • _____

_____

_____

_____

20___ • _____

_____

_____

_____

20___ • _____

_____

_____

_____

20___ • _____

_____

_____

_____

20___ • _____

_____

_____

_____

JANUARY

*Are you seeking security
or adventure?*

20___ • _____

_____

_____

_____

20___ • _____

_____

_____

_____

20___ • _____

_____

_____

_____

20___ • _____

_____

_____

_____

20___ • _____

_____

_____

_____

JANUARY

Do you need a break?
From what?

2013 • Studying for prelims
which start next Friday.
Got Kindle Fire HD!

20___ • _____

20___ • _____

20___ • _____

20___ • _____

24

JANUARY

*If you were going to start
your own company,
what would it be?*

20 13 • A broadband & TV company.

20___ • _____

20___ • _____

20___ • _____

20___ • _____

What makes "you" you?

20 13 • My ability to say whats on
my mind & my creativity.

20___ • _____

20___ • _____

20___ • _____

20___ • _____

26

JANUARY

Today you needed more

_____.

20 13 . Replys from university,
money for fundraising

20___ • _____

20___ • _____

20___ • _____

20___ • _____

JANUARY

*Which art movement best
describes you today?
(Surrealism? Modernism? Dada?)*

20 13 · Art Nouvea - classic

20___ · _____

20___ · _____

20___ · _____

20___ · _____

28

JANUARY

How do you describe home?

20 13 • Warm, with my parents

20___ • _____

20___ • _____

20___ • _____

20___ • _____

JANUARY

*What was the last TV show
you watched?*

2013 . BBС breakfast

20___ •

20___ •

20___ •

20___ •

30

JANUARY

What do you want to forget?

20 13 . About my Prelims/Exams

20___ .

20___ .

20___ .

20___ .

20___ • _____

_____

_____

_____

20___ • _____

_____

_____

_____

20___ • _____

_____

_____

_____

20___ • _____

_____

_____

_____

20___ • _____

_____

_____

_____

1

FEBRUARY

What is your resolution for tomorrow?

20___ • _____

_____

_____

_____

20___ • _____

_____

_____

_____

20___ • _____

_____

_____

_____

20___ • _____

_____

_____

_____

20___ • _____

_____

_____

_____

FEBRUARY

Who do you live with?

20___ • _____

_____

_____

_____

20___ • _____

_____

_____

_____

20___ • _____

_____

_____

_____

20___ • _____

_____

_____

_____

20___ • _____

_____

_____

_____

FEBRUARY

*On a scale of one to ten,
how sad are you? Why?*

20___ • _____

_____

_____

_____

20___ • _____

_____

_____

_____

20___ • _____

_____

_____

_____

20___ • _____

_____

_____

_____

20___ • _____

_____

_____

_____

FEBRUARY

*Are you seeking contentment
or excitement?*

20___ • _____

_____

_____

_____

20___ • _____

_____

_____

_____

20___ • _____

_____

_____

_____

20___ • _____

_____

_____

_____

20___ • _____

_____

_____

_____

FEBRUARY

*What are three things you
have to buy?*

20___ • _____

_____

_____

_____

20___ • _____

_____

_____

_____

20___ • _____

_____

_____

_____

20___ • _____

_____

_____

_____

20___ • _____

_____

_____

_____

FEBRUARY

Are you in love?

20___ • _____
_____
_____
_____

20___ • _____
_____
_____
_____

20___ • _____
_____
_____
_____

20___ • _____
_____
_____
_____

20___ • _____
_____
_____
_____

FEBRUARY

How late did you sleep?

20___ • _____

_____

_____

_____

20___ • _____

_____

_____

_____

20___ • _____

_____

_____

_____

20___ • _____

_____

_____

_____

20___ • _____

_____

_____

_____

FEBRUARY

10

*If this day was an animal,
which animal would it be?*

20___ • _____

_____

_____

_____

20___ • _____

_____

_____

_____

20___ • _____

_____

_____

_____

20___ • _____

_____

_____

_____

20___ • _____

_____

_____

_____

11

FEBRUARY

How did you get to work today?

20___ • _____

_____

_____

_____

20___ • _____

_____

_____

_____

20___ • _____

_____

_____

_____

20___ • _____

_____

_____

_____

20___ • _____

_____

_____

_____

FEBRUARY

What is your biggest obstacle right now?

12

20___ • _____

_____

_____

_____

20___ • _____

_____

_____

_____

20___ • _____

_____

_____

_____

20___ • _____

_____

_____

_____

20___ • _____

_____

_____

_____

13

FEBRUARY

What's your favorite question to ask people?

20___ • _____

_____

_____

_____

20___ • _____

_____

_____

_____

20___ • _____

_____

_____

_____

20___ • _____

_____

_____

_____

20___ • _____

_____

_____

_____

FEBRUARY

Did you kiss someone today?

20___ • _____

_____

_____

_____

20___ • _____

_____

_____

_____

20___ • _____

_____

_____

_____

20___ • _____

_____

_____

_____

20___ • _____

_____

_____

_____

15

*Write down the cure for
a broken heart.*

20___ • _____

_____

_____

_____

20___ • _____

_____

_____

_____

20___ • _____

_____

_____

_____

20___ • _____

_____

_____

_____

20___ • _____

_____

_____

_____

FEBRUARY

*What was the last performance
or concert you went to?*

20___ • _____
_____
_____
_____

20___ • _____
_____
_____
_____

20___ • _____
_____
_____
_____

20___ • _____
_____
_____
_____

20___ • _____
_____
_____
_____

17

FEBRUARY

If you could change something about today, what would it be?

20___ •_____

_____

_____

_____

20___ •_____

_____

_____

_____

20___ •_____

_____

_____

_____

20___ •_____

_____

_____

_____

20___ •_____

_____

_____

_____

18

What's the most expensive thing you're wearing now?

20___ • _____

_____

_____

_____

20___ • _____

_____

_____

_____

20___ • _____

_____

_____

_____

20___ • _____

_____

_____

_____

20___ • _____

_____

_____

_____

19

FEBRUARY

*Who is the craziest person
in your life?*

20___ • _____

_____

_____

_____

20___ • _____

_____

_____

_____

20___ • _____

_____

_____

_____

20___ • _____

_____

_____

_____

20___ • _____

_____

_____

_____

FEBRUARY

*What word did you
overuse today?*

20___ • _____

20___ • _____

20___ • _____

20___ • _____

20___ • _____

21

FEBRUARY

What is the current buzzword?

20___ • _____

_____

_____

_____

20___ • _____

_____

_____

_____

20___ • _____

_____

_____

_____

20___ • _____

_____

_____

_____

20___ • _____

_____

_____

_____

FEBRUARY

*What was your prevailing
emotion of the day?*

20 _____ • _____

_____

_____

_____

20 _____ • _____

_____

_____

_____

20 _____ • _____

_____

_____

_____

20 _____ • _____

_____

_____

_____

20 _____ • _____

_____

_____

_____

FEBRUARY

*What's the most embarrassing
purchase on a recent credit
card statement?*

20___ • _____

20___ • _____

20___ • _____

20___ • _____

20___ • _____

FEBRUARY

Today you've got too much
_____.

20___ • _____
_____
_____
_____

20___ • _____
_____
_____
_____

20___ • _____
_____
_____
_____

20___ • _____
_____
_____
_____

20___ • _____
_____
_____
_____

FEBRUARY

*What's the last dream
you remember?*

20___ • _____
_____
_____
_____

20___ • _____
_____
_____
_____

20___ • _____
_____
_____
_____

20___ • _____
_____
_____
_____

20___ • _____
_____
_____
_____

FEBRUARY

*Name one item you can't
throw out.*

20___ • _____

_____

_____

_____

20___ • _____

_____

_____

_____

20___ • _____

_____

_____

_____

20___ • _____

_____

_____

_____

20___ • _____

_____

_____

_____

FEBRUARY

Are you the original or the remix?
Why?

20___ • _____

_____

_____

_____

20___ • _____

_____

_____

_____

20___ • _____

_____

_____

_____

20___ • _____

_____

_____

_____

20___ • _____

_____

_____

_____

FEBRUARY

When was the last time you were sick?

20___ • _____

_____

_____

_____

20___ • _____

_____

_____

_____

20___ • _____

_____

_____

_____

20___ • _____

_____

_____

_____

20___ • _____

_____

_____

_____

FEBRUARY

Leap year? What did you do with the extra day?

20___ • _____

_____

_____

_____

20___ • _____

_____

_____

_____

20___ • _____

_____

_____

_____

20___ • _____

_____

_____

_____

20___ • _____

_____

_____

_____

MARCH

How could today have been better?

1

20___ •_____

_____

_____

_____

20___ •_____

_____

_____

_____

20___ •_____

_____

_____

_____

20___ •_____

_____

_____

_____

20___ •_____

_____

_____

_____

MARCH

Salty or sweet?

20___ • _____

_____

_____

_____

20___ • _____

_____

_____

_____

20___ • _____

_____

_____

_____

20___ • _____

_____

_____

_____

20___ • _____

_____

_____

_____

Did you sleep alone last night?

20___ • _____

_____

_____

_____

20___ • _____

_____

_____

_____

20___ • _____

_____

_____

_____

20___ • _____

_____

_____

_____

20___ • _____

_____

_____

_____

MARCH

*What would you like to ask
your mother?*

20___ • _____

_____

_____

_____

20___ • _____

_____

_____

_____

20___ • _____

_____

_____

_____

20___ • _____

_____

_____

_____

20___ • _____

_____

_____

_____

MARCH

5

*What's your favorite word
(right now)?*

20___ •_____

_____

_____

_____

20___ •_____

_____

_____

_____

20___ •_____

_____

_____

_____

20___ •_____

_____

_____

_____

20___ •_____

_____

_____

_____

MARCH

Who's your nemesis?

20___ • _____

_____

_____

_____

20___ • _____

_____

_____

_____

20___ • _____

_____

_____

_____

20___ • _____

_____

_____

_____

20___ • _____

_____

_____

_____

MARCH

It's not a good idea to experiment with _____.

20____ •_____

_____

_____

_____

20____ •_____

_____

_____

_____

20____ •_____

_____

_____

_____

20____ •_____

_____

_____

_____

20____ •_____

_____

_____

_____

8

MARCH

What's the last song you listened to?

20____ • _____

_____

_____

_____

20____ • _____

_____

_____

_____

20____ • _____

_____

_____

_____

20____ • _____

_____

_____

_____

20____ • _____

_____

_____

_____

A person you wanted to ignore today
_____.

20___ • _____
_____
_____
_____

20___ • _____
_____
_____
_____

20___ • _____
_____
_____
_____

20___ • _____
_____
_____
_____

20___ • _____
_____
_____
_____

10

MARCH

*What was the last movie
you rented?*

20___ • _____

_____

_____

_____

20___ • _____

_____

_____

_____

20___ • _____

_____

_____

_____

20___ • _____

_____

_____

_____

20___ • _____

_____

_____

_____

MARCH

*What was something you wanted today,
but couldn't have?*

20___ • _____

_____

_____

_____

20___ • _____

_____

_____

_____

20___ • _____

_____

_____

_____

20___ • _____

_____

_____

_____

20___ • _____

_____

_____

_____

12

Where do you live?

20___ • _____

_____

_____

_____

20___ • _____

_____

_____

_____

20___ • _____

_____

_____

_____

20___ • _____

_____

_____

_____

20___ • _____

_____

_____

_____

MARCH

If you could add one hour to your day, what would you do with it?

13

20___ • _____

_____

_____

_____

20___ • _____

_____

_____

_____

20___ • _____

_____

_____

_____

20___ • _____

_____

_____

_____

20___ • _____

_____

_____

_____

14

What is true?

20___ • _____

_____

_____

_____

20___ • _____

_____

_____

_____

20___ • _____

_____

_____

_____

20___ • _____

_____

_____

_____

20___ • _____

_____

_____

_____

What do you not want to talk about?

20___ • _____

_____

_____

_____

20___ • _____

_____

_____

_____

20___ • _____

_____

_____

_____

20___ • _____

_____

_____

_____

20___ • _____

_____

_____

_____

16

MARCH

What do you want to buy?

20____ • _____

_____

_____

_____

20____ • _____

_____

_____

_____

20____ • _____

_____

_____

_____

20____ • _____

_____

_____

_____

20____ • _____

_____

_____

_____

MARCH

What new activity have you tried?

20___ •_____

_____

_____

_____

20___ •_____

_____

_____

_____

20___ •_____

_____

_____

_____

20___ •_____

_____

_____

_____

20___ •_____

_____

_____

_____

18

MARCH

*In three words, describe
your spirituality.*

20___ • _____

_____

_____

_____

20___ • _____

_____

_____

_____

20___ • _____

_____

_____

_____

20___ • _____

_____

_____

_____

20___ • _____

_____

_____

_____

Describe your work ethic.

20___ • _____

_____

_____

_____

20___ • _____

_____

_____

_____

20___ • _____

_____

_____

_____

20___ • _____

_____

_____

_____

20___ • _____

_____

_____

_____

MARCH

*What was the last book
you read?*

20___ • _____

_____

_____

_____

20___ • _____

_____

_____

_____

20___ • _____

_____

_____

_____

20___ • _____

_____

_____

_____

20___ • _____

_____

_____

_____

MARCH

The first thing you ate today was

_____.

20____ • _____

_____

_____

_____

20____ • _____

_____

_____

_____

20____ • _____

_____

_____

_____

20____ • _____

_____

_____

_____

20____ • _____

_____

_____

_____

MARCH

*Jot down a news story
from today.*

20___ • _____

_____

_____

_____

20___ • _____

_____

_____

_____

20___ • _____

_____

_____

_____

20___ • _____

_____

_____

_____

20___ • _____

_____

_____

_____

*Are you country or rock 'n' roll
(or hip-hop, emo, folk, punk . . .)?*

20___ • _____

_____

_____

_____

20___ • _____

_____

_____

_____

20___ • _____

_____

_____

_____

20___ • _____

_____

_____

_____

20___ • _____

_____

_____

_____

MARCH

*What did you daydream
about today?*

20____ •_____

_____

_____

_____

20____ •_____

_____

_____

_____

20____ •_____

_____

_____

_____

20____ •_____

_____

_____

_____

20____ •_____

_____

_____

_____

MARCH

_____ *made you laugh.*

20____ •_____

_____

_____

_____

20____ •_____

_____

_____

_____

20____ •_____

_____

_____

_____

20____ •_____

_____

_____

_____

20____ •_____

_____

_____

_____

26

MARCH

Who do you aspire to be like?

20___ • _____

_____

_____

_____

20___ • _____

_____

_____

_____

20___ • _____

_____

_____

_____

20___ • _____

_____

_____

_____

20___ • _____

_____

_____

_____

MARCH

When was the last time you felt like you were on top of the world?

20___ • _____

_____

_____

_____

20___ • _____

_____

_____

_____

20___ • _____

_____

_____

_____

20___ • _____

_____

_____

_____

20___ • _____

_____

_____

_____

MARCH

What do you want to remember about today?

20___ • _____

_____

_____

_____

20___ • _____

_____

_____

_____

20___ • _____

_____

_____

_____

20___ • _____

_____

_____

_____

20___ • _____

_____

_____

_____

MARCH

Write down a few lines from a song or poem that you identify with today.

20___ • _____

_____

_____

_____

20___ • _____

_____

_____

_____

20___ • _____

_____

_____

_____

20___ • _____

_____

_____

_____

20___ • _____

_____

_____

_____

MARCH

Pick a color for today.

20___ • _____
_____
_____
_____

20___ • _____
_____
_____
_____

20___ • _____
_____
_____
_____

20___ • _____
_____
_____
_____

20___ • _____
_____
_____
_____

31

*What inventions can you not
live without?*

20___ • _____

_____

_____

_____

20___ • _____

_____

_____

_____

20___ • _____

_____

_____

_____

20___ • _____

_____

_____

_____

20___ • _____

_____

_____

_____

1

APRIL

Who are you fooling?

20___ • _____
_____
_____
_____

20___ • _____
_____
_____
_____

20___ • _____
_____
_____
_____

20___ • _____
_____
_____
_____

20___ • _____
_____
_____
_____

Who do you feel closest to?

20___ • _____

_____

_____

_____

20___ • _____

_____

_____

_____

20___ • _____

_____

_____

_____

20___ • _____

_____

_____

_____

20___ • _____

_____

_____

_____

3

APRIL

Did you have fun today? Because?

20___ • _____

_____

_____

_____

20___ • _____

_____

_____

_____

20___ • _____

_____

_____

_____

20___ • _____

_____

_____

_____

20___ • _____

_____

_____

_____

APRIL

If you could wish for one thing to happen today, what would it be?

20___ • _____

_____

_____

_____

20___ • _____

_____

_____

_____

20___ • _____

_____

_____

_____

20___ • _____

_____

_____

_____

20___ • _____

_____

_____

_____

5

APRIL

_____ *was inspiring.*

20___ • _____

20___ • _____

20___ • _____

20___ • _____

20___ • _____

APRIL

*What was the last take-out meal
you ordered?*

20___ •_____

_____

_____

_____

20___ •_____

_____

_____

_____

20___ •_____

_____

_____

_____

20___ •_____

_____

_____

_____

20___ •_____

_____

_____

_____

APRIL

What colors are you wearing?

20___ • _____

_____

_____

_____

20___ • _____

_____

_____

_____

20___ • _____

_____

_____

_____

20___ • _____

_____

_____

_____

20___ • _____

_____

_____

_____

APRIL

What is your secret passion?

20___ • _____
_____
_____
_____

20___ • _____
_____
_____
_____

20___ • _____
_____
_____
_____

20___ • _____
_____
_____
_____

20___ • _____
_____
_____
_____

9

Where do you feel most at home?

20____ • _____

_____

_____

_____

20____ • _____

_____

_____

_____

20____ • _____

_____

_____

_____

20____ • _____

_____

_____

_____

20____ • _____

_____

_____

_____

APRIL

*A chore you ignored
today_____.*

20___ • _____
_____
_____
_____

20___ • _____
_____
_____
_____

20___ • _____
_____
_____
_____

20___ • _____
_____
_____
_____

20___ • _____
_____
_____
_____

11

APRIL

*What sound effect are you
most like today?*

20___ • _____

_____

_____

_____

20___ • _____

_____

_____

_____

20___ • _____

_____

_____

_____

20___ • _____

_____

_____

_____

20___ • _____

_____

_____

_____

APRIL

*Write down a new fact you
recently learned.*

12

20___ • _____

_____

_____

_____

20___ • _____

_____

_____

_____

20___ • _____

_____

_____

_____

20___ • _____

_____

_____

_____

20___ • _____

_____

_____

_____

13

APRIL

*What is your favorite thing to do
on a Sunday morning?*

20___ • _____

_____

_____

_____

20___ • _____

_____

_____

_____

20___ • _____

_____

_____

_____

20___ • _____

_____

_____

_____

20___ • _____

_____

_____

_____

APRIL

If you could acquire a talent (without any extra effort), what would it be?

20___ • _____

_____

_____

_____

20___ • _____

_____

_____

_____

20___ • _____

_____

_____

_____

20___ • _____

_____

_____

_____

20___ • _____

_____

_____

_____

15

APRIL

*Which celebrity would you
want to interview?*

20___ • _____

_____

_____

_____

20___ • _____

_____

_____

_____

20___ • _____

_____

_____

_____

20___ • _____

_____

_____

_____

20___ • _____

_____

_____

_____

*What's a political issue that
interests you?*

20___ • _____

_____

_____

_____

20___ • _____

_____

_____

_____

20___ • _____

_____

_____

_____

20___ • _____

_____

_____

_____

20___ • _____

_____

_____

_____

17

APRIL

What do you think is your biggest shortcoming?

20___ • _____

_____

_____

_____

20___ • _____

_____

_____

_____

20___ • _____

_____

_____

_____

20___ • _____

_____

_____

_____

20___ • _____

_____

_____

_____

*Write down a problem you
solved today.*

20___ • _____

_____

_____

_____

20___ • _____

_____

_____

_____

20___ • _____

_____

_____

_____

20___ • _____

_____

_____

_____

20___ • _____

_____

_____

_____

19

*What famous person would you
bring back from the dead
to have dinner with?*

20____ • _____

_____

_____

_____

20____ • _____

_____

_____

_____

20____ • _____

_____

_____

_____

20____ • _____

_____

_____

_____

20____ • _____

_____

_____

_____

APRIL

*How many times did you
curse today?*

20 __ • _____

_____

_____

_____

20 __ • _____

_____

_____

_____

20 __ • _____

_____

_____

_____

20 __ • _____

_____

_____

_____

20 __ • _____

_____

_____

_____

21

APRIL

What do you want to say when someone asks "What do you do"?

20___ • _____

_____

_____

_____

20___ • _____

_____

_____

_____

20___ • _____

_____

_____

_____

20___ • _____

_____

_____

_____

20___ • _____

_____

_____

_____

APRIL

You wish you could stop
_____ from happening.

20___ • _____

_____

_____

_____

20___ • _____

_____

_____

_____

20___ • _____

_____

_____

_____

20___ • _____

_____

_____

_____

20___ • _____

_____

_____

_____

APRIL

How would your parents describe you? (You can call them and ask.)

20___ • _____

_____

_____

_____

20___ • _____

_____

_____

_____

20___ • _____

_____

_____

_____

20___ • _____

_____

_____

_____

20___ • _____

_____

_____

_____

APRIL

Is life fair? Yes? No?
Sometimes? Not today?

24

20___ • _____

_____

_____

_____

20___ • _____

_____

_____

_____

20___ • _____

_____

_____

_____

20___ • _____

_____

_____

_____

20___ • _____

_____

_____

_____

25

APRIL

Who do you need to call?

20___ •_____
_____
_____
_____

20___ •_____
_____
_____
_____

20___ •_____
_____
_____
_____

20___ •_____
_____
_____
_____

20___ •_____
_____
_____
_____

26

*How much spare change
do you have?*

20___ •_____
_____
_____
_____

20___ •_____
_____
_____
_____

20___ •_____
_____
_____
_____

20___ •_____
_____
_____
_____

20___ •_____
_____
_____
_____

27

APRIL

What "type" of person are you?

20___ • _____

_____

_____

_____

20___ • _____

_____

_____

_____

20___ • _____

_____

_____

_____

20___ • _____

_____

_____

_____

20___ • _____

_____

_____

_____

APRIL

*Who would you trade places
with for just one day?*

20___ • _____

_____

_____

_____

20___ • _____

_____

_____

_____

20___ • _____

_____

_____

_____

20___ • _____

_____

_____

_____

20___ • _____

_____

_____

_____

APRIL

Who can you make happier?
How?

20___ • _____
_____
_____
_____

20___ • _____
_____
_____
_____

20___ • _____
_____
_____
_____

20___ • _____
_____
_____
_____

20___ • _____
_____
_____
_____

What are three words to describe your social life?

20___ • _____

_____

_____

_____

20___ • _____

_____

_____

_____

20___ • _____

_____

_____

_____

20___ • _____

_____

_____

_____

20___ • _____

_____

_____

_____

1.

MAY

Messy or neat?

20___ • _____

_____

_____

_____

20___ • _____

_____

_____

_____

20___ • _____

_____

_____

_____

20___ • _____

_____

_____

_____

20___ • _____

_____

_____

_____

Are you hesitating?

20___ • _____

_____

_____

_____

20___ • _____

_____

_____

_____

20___ • _____

_____

_____

_____

20___ • _____

_____

_____

_____

20___ • _____

_____

_____

_____

3

MAY

*If you could have a superpower just
for today, what would it be?*

20___ • _____

_____

_____

_____

20___ • _____

_____

_____

_____

20___ • _____

_____

_____

_____

20___ • _____

_____

_____

_____

20___ • _____

_____

_____

_____

MAY

When was the last time you went swimming?

20___ • _____

_____

_____

_____

20___ • _____

_____

_____

_____

20___ • _____

_____

_____

_____

20___ • _____

_____

_____

_____

20___ • _____

_____

_____

_____

5

MAY

Today was hilarious because _____.

20___ • _____
_____
_____
_____

20___ • _____
_____
_____
_____

20___ • _____
_____
_____
_____

20___ • _____
_____
_____
_____

20___ • _____
_____
_____
_____

MAY

*What was the last party
you went to?*

20___ • _____
_____
_____
_____

20___ • _____
_____
_____
_____

20___ • _____
_____
_____
_____

20___ • _____
_____
_____
_____

20___ • _____
_____
_____
_____

MAY

*Who would play you in a movie about
your life? Is it a good movie?*

20___ • _____

_____

_____

_____

20___ • _____

_____

_____

_____

20___ • _____

_____

_____

_____

20___ • _____

_____

_____

_____

20___ • _____

_____

_____

_____

MAY

Who do you think is cute?

20___ • _____
_____
_____
_____
_____

20___ • _____
_____
_____
_____
_____

20___ • _____
_____
_____
_____
_____

20___ • _____
_____
_____
_____
_____

20___ • _____
_____
_____
_____
_____

9

MAY

What do you want to postpone?

20___ • _____

_____

_____

_____

20___ • _____

_____

_____

_____

20___ • _____

_____

_____

_____

20___ • _____

_____

_____

_____

20___ • _____

_____

_____

_____

MAY

How did you start your day?

20___ •_____

_____

_____

_____

20___ •_____

_____

_____

_____

20___ •_____

_____

_____

_____

20___ •_____

_____

_____

_____

20___ •_____

_____

_____

_____

11

MAY

How do you want to be remembered?

20___ • _____
_____
_____
_____

20___ • _____
_____
_____
_____

20___ • _____
_____
_____
_____

20___ • _____
_____
_____
_____

20___ • _____
_____
_____
_____

MAY

What are you exploring?

20___ • _____

_____

_____

_____

20___ • _____

_____

_____

_____

20___ • _____

_____

_____

_____

20___ • _____

_____

_____

_____

20___ • _____

_____

_____

_____

13

MAY

Who loves you today?

20___ • _____
_____
_____
_____

20___ • _____
_____
_____
_____

20___ • _____
_____
_____
_____

20___ • _____
_____
_____
_____

20___ • _____
_____
_____
_____

MAY

What makes a good enemy?

20___ • _____

_____

_____

_____

20___ • _____

_____

_____

_____

20___ • _____

_____

_____

_____

20___ • _____

_____

_____

_____

20___ • _____

_____

_____

_____

15

MAY

*What do you consider to be
your biggest achievement?*

20___ • _____

_____

_____

_____

20___ • _____

_____

_____

_____

20___ • _____

_____

_____

_____

20___ • _____

_____

_____

_____

20___ • _____

_____

_____

_____

MAY

16

What was your favorite day this week?

20___ • _____

_____

_____

_____

20___ • _____

_____

_____

_____

20___ • _____

_____

_____

_____

20___ • _____

_____

_____

_____

20___ • _____

_____

_____

_____

17

MAY

Today you got rid of _____.

20___ • _____
_____
_____
_____

20___ • _____
_____
_____
_____

20___ • _____
_____
_____
_____

20___ • _____
_____
_____
_____

20___ • _____
_____
_____
_____

MAY

18

If you could go back in time and change something, what would it be?

20___ • _____

_____

_____

_____

20___ • _____

_____

_____

_____

20___ • _____

_____

_____

_____

20___ • _____

_____

_____

_____

20___ • _____

_____

_____

_____

19

MAY

*What's the most creative thing
you've done recently?*

20___ • _____

_____

_____

_____

20___ • _____

_____

_____

_____

20___ • _____

_____

_____

_____

20___ • _____

_____

_____

_____

20___ • _____

_____

_____

_____

MAY

20

*What's the craziest thing
you've done for love?*

20___ • _____

_____

_____

_____

20___ • _____

_____

_____

_____

20___ • _____

_____

_____

_____

20___ • _____

_____

_____

_____

20___ • _____

_____

_____

_____

21

MAY

What's your salary?

20___ • _____

_____

_____

_____

20___ • _____

_____

_____

_____

20___ • _____

_____

_____

_____

20___ • _____

_____

_____

_____

20___ • _____

_____

_____

_____

MAY

*When was the last time you had
an inspiring conversation?*

20___ • _____

_____

_____

_____

20___ • _____

_____

_____

_____

20___ • _____

_____

_____

_____

20___ • _____

_____

_____

_____

20___ • _____

_____

_____

_____

23

MAY

What's your hairstyle?

20___ • _____

_____

_____

_____

20___ • _____

_____

_____

_____

20___ • _____

_____

_____

_____

20___ • _____

_____

_____

_____

20___ • _____

_____

_____

_____

20___ • _____

_____

_____

_____

20___ • _____

_____

_____

_____

20___ • _____

_____

_____

_____

20___ • _____

_____

_____

_____

20___ • _____

_____

_____

_____

25

MAY

*If you could travel anywhere
tomorrow, where would you go?*

20___ • _____

_____

_____

_____

20___ • _____

_____

_____

_____

20___ • _____

_____

_____

_____

20___ • _____

_____

_____

_____

20___ • _____

_____

_____

_____

MAY

*List the things that nagged
you today.*

20___ • _____

_____

_____

_____

20___ • _____

_____

_____

_____

20___ • _____

_____

_____

_____

20___ • _____

_____

_____

_____

20___ • _____

_____

_____

_____

MAY

What gives you comfort right now?

20___ •_____

_____

_____

_____

20___ •_____

_____

_____

_____

20___ •_____

_____

_____

_____

20___ •_____

_____

_____

_____

20___ •_____

_____

_____

_____

MAY

East Coast or West Coast?
In between?

28

20____ • _____

_____

_____

_____

20____ • _____

_____

_____

_____

20____ • _____

_____

_____

_____

20____ • _____

_____

_____

_____

20____ • _____

_____

_____

_____

MAY

*If you didn't have any
responsibilities for the day,
what would you do?*

20___ • _____

_____

_____

_____

20___ • _____

_____

_____

_____

20___ • _____

_____

_____

_____

20___ • _____

_____

_____

_____

20___ • _____

_____

_____

_____

What's the best thing you read today?

20___ • _____

_____

_____

_____

20___ • _____

_____

_____

_____

20___ • _____

_____

_____

_____

20___ • _____

_____

_____

_____

20___ • _____

_____

_____

_____

31

MAY

How much cash do you have in your wallet? In your bank account?

20___ • _____

_____

_____

_____

20___ • _____

_____

_____

_____

20___ • _____

_____

_____

_____

20___ • _____

_____

_____

_____

20___ • _____

_____

_____

_____

*On a scale of one to ten,
how healthy are you?*

20___ • _____

_____

_____

_____

20___ • _____

_____

_____

_____

20___ • _____

_____

_____

_____

20___ • _____

_____

_____

_____

20___ • _____

_____

_____

_____

JUNE

Should you trust your instincts?

20___ • _____

_____

_____

_____

20___ • _____

_____

_____

_____

20___ • _____

_____

_____

_____

20___ • _____

_____

_____

_____

20___ • _____

_____

_____

_____

JUNE

Who do you miss the most right now?

20___ • _____

_____

_____

_____

20___ • _____

_____

_____

_____

20___ • _____

_____

_____

_____

20___ • _____

_____

_____

_____

20___ • _____

_____

_____

_____

JUNE

Today you wore _____.

20___ • _____

_____

_____

_____

20___ • _____

_____

_____

_____

20___ • _____

_____

_____

_____

20___ • _____

_____

_____

_____

20___ • _____

_____

_____

_____

JUNE

What was the last fruit you ate?

5

20___ • _____

_____

_____

_____

20___ • _____

_____

_____

_____

20___ • _____

_____

_____

_____

20___ • _____

_____

_____

_____

20___ • _____

_____

_____

_____

JUNE

*Which family member are
you closest to?*

20____ • _____

_____

_____

_____

20____ • _____

_____

_____

_____

20____ • _____

_____

_____

_____

20____ • _____

_____

_____

_____

20____ • _____

_____

_____

_____

JUNE

*What do you feel grateful
for today?*

20____ • _____

_____

_____

_____

20____ • _____

_____

_____

_____

20____ • _____

_____

_____

_____

20____ • _____

_____

_____

_____

20____ • _____

_____

_____

_____

JUNE

What makes you miserable?

20___ • _____

_____

_____

_____

20___ • _____

_____

_____

_____

20___ • _____

_____

_____

_____

20___ • _____

_____

_____

_____

20___ • _____

_____

_____

_____

JUNE

What makes a good friend?

20___ • _____
_____
_____
_____

20___ • _____
_____
_____
_____

20___ • _____
_____
_____
_____

20___ • _____
_____
_____
_____

20___ • _____
_____
_____
_____

10

JUNE

*How many cups of coffee did
you drink today?*

20___ • _____

_____

_____

_____

20___ • _____

_____

_____

_____

20___ • _____

_____

_____

_____

20___ • _____

_____

_____

_____

20___ • _____

_____

_____

_____

JUNE

*What is your favorite thing to do
on a Friday night?*

11

20___ •_____

_____

_____

_____

20___ •_____

_____

_____

_____

20___ •_____

_____

_____

_____

20___ •_____

_____

_____

_____

20___ •_____

_____

_____

_____

12

JUNE

Is something in your way?
Can you move it?

20___ • _____

_____

_____

_____

20___ • _____

_____

_____

_____

20___ • _____

_____

_____

_____

20___ • _____

_____

_____

_____

20___ • _____

_____

_____

_____

JUNE

*Something that made you
worry today _____.*

20___ • _____

_____

_____

_____

20___ • _____

_____

_____

_____

20___ • _____

_____

_____

_____

20___ • _____

_____

_____

_____

20___ • _____

_____

_____

_____

14

JUNE

Did you exercise today?

20___ • _____

_____

_____

_____

20___ • _____

_____

_____

_____

20___ • _____

_____

_____

_____

20___ • _____

_____

_____

_____

20___ • _____

_____

_____

_____

JUNE

What's your favorite gadget?

15

20___ • _____

_____

_____

_____

20___ • _____

_____

_____

_____

20___ • _____

_____

_____

_____

20___ • _____

_____

_____

_____

20___ • _____

_____

_____

_____

16

What makes you cynical?

20___ • _____
_____
_____
_____

20___ • _____
_____
_____
_____

20___ • _____
_____
_____
_____

20___ • _____
_____
_____
_____

20___ • _____
_____
_____
_____

JUNE

The best hour of today was _____.
Why?

20___ • _____

_____

_____

_____

20___ • _____

_____

_____

_____

20___ • _____

_____

_____

_____

20___ • _____

_____

_____

_____

20___ • _____

_____

_____

_____

18

JUNE

What's the last meal someone cooked for you?

20___ • _____

_____

_____

_____

20___ • _____

_____

_____

_____

20___ • _____

_____

_____

_____

20___ • _____

_____

_____

_____

20___ • _____

_____

_____

_____

JUNE

*What was the last personal
letter you received?*

19

20___ • _____
_____
_____
_____

20___ • _____
_____
_____
_____

20___ • _____
_____
_____
_____

20___ • _____
_____
_____
_____

20___ • _____
_____
_____
_____

JUNE

*Write the first sentence of
your autobiography.*

20___ • _____

_____

_____

_____

20___ • _____

_____

_____

_____

20___ • _____

_____

_____

_____

20___ • _____

_____

_____

_____

20___ • _____

_____

_____

_____

JUNE

Who do you want to know better?

20 __ • _____

_____

_____

_____

20 __ • _____

_____

_____

_____

20 __ • _____

_____

_____

_____

20 __ • _____

_____

_____

_____

20 __ • _____

_____

_____

_____

JUNE

What's the last movie you saw in a theater?

20___ • _____

_____

_____

_____

20___ • _____

_____

_____

_____

20___ • _____

_____

_____

_____

20___ • _____

_____

_____

_____

20___ • _____

_____

_____

_____

JUNE

*When was the last time
you cried?*

20___ • _____

_____

_____

_____

20___ • _____

_____

_____

_____

20___ • _____

_____

_____

_____

20___ • _____

_____

_____

_____

20___ • _____

_____

_____

_____

JUNE

*What's your next
social engagement?*

20___ • _____

_____

_____

_____

20___ • _____

_____

_____

_____

20___ • _____

_____

_____

_____

20___ • _____

_____

_____

_____

20___ • _____

_____

_____

_____

JUNE

Who is your closest companion?

20___ •_____

_____

_____

_____

20___ •_____

_____

_____

_____

20___ •_____

_____

_____

_____

20___ •_____

_____

_____

_____

20___ •_____

_____

_____

_____

26

JUNE

*What's your biggest
indulgence?*

20___ • _____

_____

_____

_____

20___ • _____

_____

_____

_____

20___ • _____

_____

_____

_____

20___ • _____

_____

_____

_____

20___ • _____

_____

_____

_____

JUNE

27

When was the last time you ate pizza? What kind?

20___ •_____

_____

_____

_____

20___ •_____

_____

_____

_____

20___ •_____

_____

_____

_____

20___ •_____

_____

_____

_____

20___ •_____

_____

_____

_____

JUNE

If your mood were a weather forecast, you'd be _____.

20___ • _____
_____
_____
_____

20___ • _____
_____
_____
_____

20___ • _____
_____
_____
_____

20___ • _____
_____
_____
_____

20___ • _____
_____
_____
_____

JUNE

*What are the top songs on
your "recently played" list?*

29

20___ • _____

_____

_____

_____

20___ • _____

_____

_____

_____

20___ • _____

_____

_____

_____

20___ • _____

_____

_____

_____

20___ • _____

_____

_____

_____

30

JUNE

*What can you live without
right now?*

20___ • _____

_____

_____

_____

20___ • _____

_____

_____

_____

20___ • _____

_____

_____

_____

20___ • _____

_____

_____

_____

20___ • _____

_____

_____

_____

JULY

Water, ice, or steam?

20___ • _____

_____

_____

_____

20___ • _____

_____

_____

_____

20___ • _____

_____

_____

_____

20___ • _____

_____

_____

_____

20___ • _____

_____

_____

_____

JULY

Today you cancelled _____.

20___ • _____
_____
_____
_____

20___ • _____
_____
_____
_____

20___ • _____
_____
_____
_____

20___ • _____
_____
_____
_____

20___ • _____
_____
_____
_____

JULY

What was the last beach you went to?

20___ • _____

_____

_____

_____

20___ • _____

_____

_____

_____

20___ • _____

_____

_____

_____

20___ • _____

_____

_____

_____

20___ • _____

_____

_____

_____

4 JULY

_____ *is funny.*

20___ • _____

20___ • _____

20___ • _____

20___ • _____

20___ • _____

What is your motto?

5

20___ • _____

_____

_____

_____

20___ • _____

_____

_____

_____

20___ • _____

_____

_____

_____

20___ • _____

_____

_____

_____

20___ • _____

_____

_____

_____

JULY

Who is your best friend?

20___ • _____

_____

_____

_____

20___ • _____

_____

_____

_____

20___ • _____

_____

_____

_____

20___ • _____

_____

_____

_____

20___ • _____

_____

_____

_____

JULY

What's the next book you want to read?

20___ • _____

_____

_____

_____

20___ • _____

_____

_____

_____

20___ • _____

_____

_____

_____

20___ • _____

_____

_____

_____

20___ • _____

_____

_____

_____

8

JULY

What do you have to lose?

20___ • _____

_____

_____

_____

20___ • _____

_____

_____

_____

20___ • _____

_____

_____

_____

20___ • _____

_____

_____

_____

20___ • _____

_____

_____

_____

JULY

Today was delightful because _____.

20___ • _____
_____
_____
_____

20___ • _____
_____
_____
_____

20___ • _____
_____
_____
_____

20___ • _____
_____
_____
_____

20___ • _____
_____
_____
_____

10

JULY

*When was the last time you spoke
to your parents?*

20___ • _____
_____
_____
_____

20___ • _____
_____
_____
_____

20___ • _____
_____
_____
_____

20___ • _____
_____
_____
_____

20___ • _____
_____
_____
_____

JULY

If you were a literary character,
who would you be?

20___ • _____

_____

_____

_____

20___ • _____

_____

_____

_____

20___ • _____

_____

_____

_____

20___ • _____

_____

_____

_____

20___ • _____

_____

_____

_____

12

JULY

_____ *is perfect.*

20___ • _____

_____

_____

_____

20___ • _____

_____

_____

_____

20___ • _____

_____

_____

_____

20___ • _____

_____

_____

_____

20___ • _____

_____

_____

_____

JULY

What are you sentimental about?

20___ •_____
_____
_____
_____

20___ •_____
_____
_____
_____

20___ •_____
_____
_____
_____

20___ •_____
_____
_____
_____

20___ •_____
_____
_____
_____

JULY

Do you have a secret?
More than one?

20___ • _____
_____
_____
_____

20___ • _____
_____
_____
_____

20___ • _____
_____
_____
_____

20___ • _____
_____
_____
_____

20___ • _____
_____
_____
_____

*What is your heroic downfall?
Your Achilles' heel?*

20___ • _____

_____

_____

_____

20___ • _____

_____

_____

_____

20___ • _____

_____

_____

_____

20___ • _____

_____

_____

_____

20___ • _____

_____

_____

_____

16

JULY

Are you wearing socks?

20___ • _____
_____
_____
_____

20___ • _____
_____
_____
_____

20___ • _____
_____
_____
_____

20___ • _____
_____
_____
_____

20___ • _____
_____
_____
_____

JULY

How can you help?

20___ • _____

_____

_____

_____

20___ • _____

_____

_____

_____

20___ • _____

_____

_____

_____

20___ • _____

_____

_____

_____

20___ • _____

_____

_____

_____

18

JULY

*What are the ingredients for
a perfect day?*

20____ •_____

_____

_____

_____

20____ •_____

_____

_____

_____

20____ •_____

_____

_____

_____

20____ •_____

_____

_____

_____

20____ •_____

_____

_____

_____

What do you need to throw away?

20 __ • _____

_____

_____

_____

20 __ • _____

_____

_____

_____

20 __ • _____

_____

_____

_____

20 __ • _____

_____

_____

_____

20 __ • _____

_____

_____

_____

JULY

Does anything hurt today?

20___ • _____

_____

_____

_____

20___ • _____

_____

_____

_____

20___ • _____

_____

_____

_____

20___ • _____

_____

_____

_____

20___ • _____

_____

_____

_____

JULY

21

Who was the last person to make you angry?

20___ • _____
_____
_____
_____

20___ • _____
_____
_____
_____

20___ • _____
_____
_____
_____

20___ • _____
_____
_____
_____

20___ • _____
_____
_____
_____

22

*Where do you go for
good ideas?*

20___ • _____

_____

_____

_____

20___ • _____

_____

_____

_____

20___ • _____

_____

_____

_____

20___ • _____

_____

_____

_____

20___ • _____

_____

_____

_____

JULY

*What was the last thing
you baked or cooked?*

23

20___ • _____

_____

_____

_____

20___ • _____

_____

_____

_____

20___ • _____

_____

_____

_____

20___ • _____

_____

_____

_____

20___ • _____

_____

_____

_____

JULY

What's in your fridge?

20___ • _____

_____

_____

_____

20___ • _____

_____

_____

_____

20___ • _____

_____

_____

_____

20___ • _____

_____

_____

_____

20___ • _____

_____

_____

_____

If you could hire any artist (living or dead) to paint your portrait, who would you pick?

20___ • _____

_____

_____

_____

20___ • _____

_____

_____

_____

20___ • _____

_____

_____

_____

20___ • _____

_____

_____

_____

20___ • _____

_____

_____

_____

26

JULY

*Are you working hard
or hardly working?*

20___ • _____

_____

_____

_____

20___ • _____

_____

_____

_____

20___ • _____

_____

_____

_____

20___ • _____

_____

_____

_____

20___ • _____

_____

_____

_____

*What can you smell
right now?*

20___ • _____

_____

_____

_____

20___ • _____

_____

_____

_____

20___ • _____

_____

_____

_____

20___ • _____

_____

_____

_____

20___ • _____

_____

_____

_____

JULY

*Write a phrase to describe
your year so far.*

20___ • _____

_____

_____

_____

20___ • _____

_____

_____

_____

20___ • _____

_____

_____

_____

20___ • _____

_____

_____

_____

20___ • _____

_____

_____

_____

JULY

*What was the last road
trip you took?*

20___ •_____
_____
_____
_____

20___ •_____
_____
_____
_____

20___ •_____
_____
_____
_____

20___ •_____
_____
_____
_____

20___ •_____
_____
_____
_____

30

JULY

Today was unusual because
_____.

20___ • _____

_____

_____

_____

20___ • _____

_____

_____

_____

20___ • _____

_____

_____

_____

20___ • _____

_____

_____

_____

20___ • _____

_____

_____

_____

JULY

*Today were you a wallflower
or a social butterfly?*

20___ • _____

_____

_____

_____

20___ • _____

_____

_____

_____

20___ • _____

_____

_____

_____

20___ • _____

_____

_____

_____

20___ • _____

_____

_____

_____

1

AUGUST

Do you need a cold shower?

20____ • _____

_____

_____

_____

20____ • _____

_____

_____

_____

20____ • _____

_____

_____

_____

20____ • _____

_____

_____

_____

20____ • _____

_____

_____

_____

Describe the room you're in right now.

20___ • _____

_____

_____

_____

20___ • _____

_____

_____

_____

20___ • _____

_____

_____

_____

20___ • _____

_____

_____

_____

20___ • _____

_____

_____

_____

3

AUGUST

What do you lie about?

20___ • _____

_____

_____

_____

20___ • _____

_____

_____

_____

20___ • _____

_____

_____

_____

20___ • _____

_____

_____

_____

20___ • _____

_____

_____

_____

AUGUST

When was the last time you were on an airplane?

20___ •_____

_____

_____

_____

20___ •_____

_____

_____

_____

20___ •_____

_____

_____

_____

20___ •_____

_____

_____

_____

20___ •_____

_____

_____

_____

5

AUGUST

Today you destroyed _____.

20___ • _____
_____
_____
_____

20___ • _____
_____
_____
_____

20___ • _____
_____
_____
_____

20___ • _____
_____
_____
_____

20___ • _____
_____
_____
_____

AUGUST

Who are you?

6

20___ • _____

_____

_____

_____

20___ • _____

_____

_____

_____

20___ • _____

_____

_____

_____

20___ • _____

_____

_____

_____

20___ • _____

_____

_____

_____

AUGUST

What was your last great meal?

20___ • _____

_____

_____

_____

20___ • _____

_____

_____

_____

20___ • _____

_____

_____

_____

20___ • _____

_____

_____

_____

20___ • _____

_____

_____

_____

AUGUST

Do you make enough money?

8

20___ • _____
_____
_____
_____

20___ • _____
_____
_____
_____

20___ • _____
_____
_____
_____

20___ • _____
_____
_____
_____

20___ • _____
_____
_____
_____

9

AUGUST

*Write down your last sent
text message.*

20___ • _____

_____

_____

_____

20___ • _____

_____

_____

_____

20___ • _____

_____

_____

_____

20___ • _____

_____

_____

_____

20___ • _____

_____

_____

_____

20___ • _____

_____

_____

_____

20___ • _____

_____

_____

_____

20___ • _____

_____

_____

_____

20___ • _____

_____

_____

_____

20___ • _____

_____

_____

_____

11

AUGUST

*How many stamps are in
your passport?*

20___ • _____

_____

_____

_____

20___ • _____

_____

_____

_____

20___ • _____

_____

_____

_____

20___ • _____

_____

_____

_____

20___ • _____

_____

_____

_____

AUGUST

What is your resolution
for tomorrow?

1 2

20___ • _____

_____

_____

_____

20___ • _____

_____

_____

_____

20___ • _____

_____

_____

_____

20___ • _____

_____

_____

_____

20___ • _____

_____

_____

_____

13

AUGUST

*What is your favorite thing to do
on a Saturday morning?*

20___ • _____

_____

_____

_____

20___ • _____

_____

_____

_____

20___ • _____

_____

_____

_____

20___ • _____

_____

_____

_____

20___ • _____

_____

_____

_____

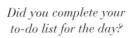

AUGUST

*Did you complete your
to-do list for the day?*

20___ • _____

_____

_____

_____

20___ • _____

_____

_____

_____

20___ • _____

_____

_____

_____

20___ • _____

_____

_____

_____

20___ • _____

_____

_____

_____

15

AUGUST

*What do you like best about
your body today?*

20___ • _____

_____

_____

_____

20___ • _____

_____

_____

_____

20___ • _____

_____

_____

_____

20___ • _____

_____

_____

_____

20___ • _____

_____

_____

_____

AUGUST

*What question (or questions)
do you love to answer?*

20___ • _____

_____

_____

_____

20___ • _____

_____

_____

_____

20___ • _____

_____

_____

_____

20___ • _____

_____

_____

_____

20___ • _____

_____

_____

_____

17

AUGUST

If you had to spend five years in prison, what would you finally have the chance to do?

20___ • _____

_____

_____

_____

20___ • _____

_____

_____

_____

20___ • _____

_____

_____

_____

20___ • _____

_____

_____

_____

20___ • _____

_____

_____

_____

AUGUST

*What's your favorite piece
of clothing?*

18

20___ • _____

_____

_____

_____

20___ • _____

_____

_____

_____

20___ • _____

_____

_____

_____

20___ • _____

_____

_____

_____

20___ • _____

_____

_____

_____

19

AUGUST

_____ *really bothered*
you today.

20___ • _____

_____

_____

_____

20___ • _____

_____

_____

_____

20___ • _____

_____

_____

_____

20___ • _____

_____

_____

_____

20___ • _____

_____

_____

_____

AUGUST

Whose team are you on?

20___ • _____

_____

_____

_____

20___ • _____

_____

_____

_____

20___ • _____

_____

_____

_____

20___ • _____

_____

_____

_____

20___ • _____

_____

_____

_____

21

AUGUST

*In 140 characters or fewer,
summarize your day.*

20___ • _____

_____

_____

_____

20___ • _____

_____

_____

_____

20___ • _____

_____

_____

_____

20___ • _____

_____

_____

_____

20___ • _____

_____

_____

_____

AUGUST

What can't you forget?

20____ • _____

_____

_____

_____

20____ • _____

_____

_____

_____

20____ • _____

_____

_____

_____

20____ • _____

_____

_____

_____

20____ • _____

_____

_____

_____

AUGUST

*Yes or no: everyone should
have a backup plan.*

20___ • _____

_____

_____

_____

20___ • _____

_____

_____

_____

20___ • _____

_____

_____

_____

20___ • _____

_____

_____

_____

20___ • _____

_____

_____

_____

AUGUST

*Write your recipe for
creativity.*

20___ • _____

_____

_____

_____

20___ • _____

_____

_____

_____

20___ • _____

_____

_____

_____

20___ • _____

_____

_____

_____

20___ • _____

_____

_____

_____

25

AUGUST

*What would you like to tell
your father?*

20___ • _____
_____
_____
_____
_____

20___ • _____
_____
_____
_____
_____

20___ • _____
_____
_____
_____
_____

20___ • _____
_____
_____
_____
_____

20___ • _____
_____
_____
_____

AUGUST

*What's the best part about
your life right now?*

26

20___ • _____

_____

_____

_____

20___ • _____

_____

_____

_____

20___ • _____

_____

_____

_____

20___ • _____

_____

_____

_____

20___ • _____

_____

_____

_____

27

AUGUST

When was the last time you worked out?

20___ • _____

_____

_____

_____

20___ • _____

_____

_____

_____

20___ • _____

_____

_____

_____

20___ • _____

_____

_____

_____

20___ • _____

_____

_____

_____

AUGUST

*How would you describe
your victory dance?*

20___ • _____

_____

_____

_____

20___ • _____

_____

_____

_____

20___ • _____

_____

_____

_____

20___ • _____

_____

_____

_____

20___ • _____

_____

_____

_____

AUGUST

*What did you have
for dinner?*

20___ • _____

_____

_____

_____

20___ • _____

_____

_____

_____

20___ • _____

_____

_____

_____

20___ • _____

_____

_____

_____

20___ • _____

_____

_____

_____

AUGUST

3O

*What's your simplest
pleasure?*

20___ • _____

_____

_____

_____

20___ • _____

_____

_____

_____

20___ • _____

_____

_____

_____

20___ • _____

_____

_____

_____

20___ • _____

_____

_____

_____

31

*What was the last wedding
you attended?*

20___ • _____

_____

_____

_____

20___ • _____

_____

_____

_____

20___ • _____

_____

_____

_____

20___ • _____

_____

_____

_____

20___ • _____

_____

_____

_____

SEPTEMBER

Teacher or student?

1

20___ • _____

_____

_____

_____

20___ • _____

_____

_____

_____

20___ • _____

_____

_____

_____

20___ • _____

_____

_____

_____

20___ • _____

_____

_____

_____

SEPTEMBER

Is your home/apartment clean?

20___ • _____

_____

_____

_____

20___ • _____

_____

_____

_____

20___ • _____

_____

_____

_____

20___ • _____

_____

_____

_____

20___ • _____

_____

_____

_____

3

*Where have you found evidence
of a higher power?*

20___ • _____

_____

_____

_____

20___ • _____

_____

_____

_____

20___ • _____

_____

_____

_____

20___ • _____

_____

_____

_____

20___ • _____

_____

_____

_____

SEPTEMBER

*Where do you see yourself
in five years?*

20___ • _____

_____

_____

_____

20___ • _____

_____

_____

_____

20___ • _____

_____

_____

_____

20___ • _____

_____

_____

_____

20___ • _____

_____

_____

_____

SEPTEMBER

5

Today you learned _____.

20___ • _____

_____

_____

_____

20___ • _____

_____

_____

_____

20___ • _____

_____

_____

_____

20___ • _____

_____

_____

_____

20___ • _____

_____

_____

_____

SEPTEMBER

*What was the last online video
clip you watched?*

20___ • _____
_____
_____
_____

20___ • _____
_____
_____
_____

20___ • _____
_____
_____
_____

20___ • _____
_____
_____
_____

20___ • _____
_____
_____

SEPTEMBER

What's the newest thing you're wearing today?

20___ • _____

_____

_____

_____

20___ • _____

_____

_____

_____

20___ • _____

_____

_____

_____

20___ • _____

_____

_____

_____

20___ • _____

_____

_____

_____

SEPTEMBER

Who are you jealous of?

20___ •_____

_____

_____

_____

20___ •_____

_____

_____

_____

20___ •_____

_____

_____

_____

20___ •_____

_____

_____

_____

20___ •_____

_____

_____

_____

SEPTEMBER

*What comes to mind when
you think of fear?*

20____ • _____

_____

_____

_____

20____ • _____

_____

_____

_____

20____ • _____

_____

_____

_____

20____ • _____

_____

_____

_____

20____ • _____

_____

_____

_____

10

SEPTEMBER

This is utterly confounding:
_____.

20___ • _____
_____
_____
_____

20___ • _____
_____
_____
_____

20___ • _____
_____
_____
_____

20___ • _____
_____
_____
_____

20___ • _____
_____
_____
_____

*What advice would you give to
a second-grader?*

20____ •_____

_____

_____

_____

20____ •_____

_____

_____

_____

20____ •_____

_____

_____

_____

20____ •_____

_____

_____

_____

20____ •_____

_____

_____

_____

12

SEPTEMBER

*What are you chasing at
this moment?*

20___ • _____

_____

_____

_____

20___ • _____

_____

_____

_____

20___ • _____

_____

_____

_____

20___ • _____

_____

_____

_____

20___ • _____

_____

_____

_____

Write down a minor, but chronic, problem.

1 **3**

20___ • _____

_____

_____

_____

20___ • _____

_____

_____

_____

20___ • _____

_____

_____

_____

20___ • _____

_____

_____

_____

20___ • _____

_____

_____

_____

SEPTEMBER

Who can help you?

20___ • _____

_____

_____

_____

20___ • _____

_____

_____

_____

20___ • _____

_____

_____

_____

20___ • _____

_____

_____

_____

20___ • _____

_____

_____

_____

SEPTEMBER

*Who are the most important
people in your life?*

15

20___ • _____

_____

_____

_____

20___ • _____

_____

_____

_____

20___ • _____

_____

_____

_____

20___ • _____

_____

_____

_____

20___ • _____

_____

_____

_____

16

SEPTEMBER

What would you want to study at school?

20___ • _____

_____

_____

_____

20___ • _____

_____

_____

_____

20___ • _____

_____

_____

_____

20___ • _____

_____

_____

_____

20___ • _____

_____

_____

_____

SEPTEMBER

What's your favorite snack food?

17

20___ •_____

_____

_____

_____

20___ •_____

_____

_____

_____

20___ •_____

_____

_____

_____

20___ •_____

_____

_____

_____

20___ •_____

_____

_____

_____

18

SEPTEMBER

A decision you made today
——————————.

20___ •_____

_____

_____

_____

20___ •_____

_____

_____

_____

20___ •_____

_____

_____

_____

20___ •_____

_____

_____

_____

20___ •_____

_____

_____

_____

SEPTEMBER

*What's a new place you've
recently been to?*

20___ • _____

_____

_____

_____

20___ • _____

_____

_____

_____

20___ • _____

_____

_____

_____

20___ • _____

_____

_____

_____

20___ • _____

_____

_____

_____

SEPTEMBER

*What's your favorite
television show?*

20___ • _____

_____

_____

_____

20___ • _____

_____

_____

_____

20___ • _____

_____

_____

_____

20___ • _____

_____

_____

_____

20___ • _____

_____

_____

_____

SEPTEMBER

*Where do you think your
road is going?*

20___ •_____

_____

_____

_____

20___ •_____

_____

_____

_____

20___ •_____

_____

_____

_____

20___ •_____

_____

_____

_____

20___ •_____

_____

_____

_____

*What shocking news have you
recently learned?*

20___ • _____

_____

_____

_____

20___ • _____

_____

_____

_____

20___ • _____

_____

_____

_____

20___ • _____

_____

_____

_____

20___ • _____

_____

_____

_____

Write down a quote for today.

20___ • _____

_____

_____

_____

20___ • _____

_____

_____

_____

20___ • _____

_____

_____

_____

20___ • _____

_____

_____

_____

20___ • _____

_____

_____

_____

24

SEPTEMBER

When was the last time you went dancing?

20___ • _____

_____

_____

_____

20___ • _____

_____

_____

_____

20___ • _____

_____

_____

_____

20___ • _____

_____

_____

_____

20___ • _____

_____

_____

_____

SEPTEMBER

*Do you plan, or are you flying
by the seat of your pants?*

20___ • _____

_____

_____

_____

20___ • _____

_____

_____

_____

20___ • _____

_____

_____

_____

20___ • _____

_____

_____

_____

20___ • _____

_____

_____

_____

26

SEPTEMBER

*Today was amusing
because_____.*

20___ • _____
_____
_____
_____

20___ • _____
_____
_____
_____

20___ • _____
_____
_____
_____

20___ • _____
_____
_____
_____

20___ • _____
_____
_____
_____

Do you handle rejection well?

20___ • _____

_____

_____

_____

20___ • _____

_____

_____

_____

20___ • _____

_____

_____

_____

20___ • _____

_____

_____

_____

20___ • _____

_____

_____

_____

SEPTEMBER

How hungry are you right now?

20___ • _____
_____
_____
_____

20___ • _____
_____
_____
_____

20___ • _____
_____
_____
_____

20___ • _____
_____
_____
_____

20___ • _____
_____
_____
_____

SEPTEMBER

29

*Bad news: sugarcoated
or straight-up?*

20___ • _____

_____

_____

_____

_____

20___ • _____

_____

_____

_____

_____

20___ • _____

_____

_____

_____

_____

20___ • _____

_____

_____

_____

_____

20___ • _____

_____

_____

_____

_____

30

SEPTEMBER

How do you get out of a rut?

20___ • _____

_____

_____

_____

20___ • _____

_____

_____

_____

20___ • _____

_____

_____

_____

20___ • _____

_____

_____

_____

20___ • _____

_____

_____

_____

OCTOBER

1.

What are you a geek about?

20___ • _____

_____

_____

_____

20___ • _____

_____

_____

_____

20___ • _____

_____

_____

_____

20___ • _____

_____

_____

_____

20___ • _____

_____

_____

_____

OCTOBER

What do you crave?

20___ • _____

_____

_____

_____

20___ • _____

_____

_____

_____

20___ • _____

_____

_____

_____

20___ • _____

_____

_____

_____

20___ • _____

_____

_____

_____

OCTOBER

*What was the last bad movie
you watched?*

20___ • _____

_____

_____

_____

20___ • _____

_____

_____

_____

20___ • _____

_____

_____

_____

20___ • _____

_____

_____

_____

20___ • _____

_____

_____

_____

OCTOBER

*In three words, describe
your love life.*

20___ • _____
_____
_____
_____

20___ • _____
_____
_____
_____

20___ • _____
_____
_____
_____

20___ • _____
_____
_____
_____

20___ • _____
_____
_____
_____

OCTOBER

What question makes you anxious?

5

20___ • _____

_____

_____

_____

20___ • _____

_____

_____

_____

20___ • _____

_____

_____

_____

20___ • _____

_____

_____

_____

20___ • _____

_____

_____

_____

Do you have any new friends?

20___ • _____

_____

_____

_____

20___ • _____

_____

_____

_____

20___ • _____

_____

_____

_____

20___ • _____

_____

_____

_____

20___ • _____

_____

_____

_____

OCTOBER

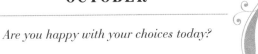

Are you happy with your choices today?

20___ • _____

_____

_____

_____

20___ • _____

_____

_____

_____

20___ • _____

_____

_____

_____

20___ • _____

_____

_____

_____

20___ • _____

_____

_____

OCTOBER

What is your biggest dream?

20___ • _____

_____

_____

_____

20___ • _____

_____

_____

_____

20___ • _____

_____

_____

_____

20___ • _____

_____

_____

_____

20___ • _____

_____

_____

_____

OCTOBER

You want a new _____.

20___ • _____

_____

_____

_____

20___ • _____

_____

_____

_____

20___ • _____

_____

_____

_____

20___ • _____

_____

_____

_____

20___ • _____

_____

_____

_____

10

Write down the name of someone you had a good conversation with recently.

20___ • _____

_____

_____

_____

20___ • _____

_____

_____

_____

20___ • _____

_____

_____

_____

20___ • _____

_____

_____

_____

20___ • _____

_____

_____

_____

What makes you feel wonderful?

20___ • _____

_____

_____

_____

20___ • _____

_____

_____

_____

20___ • _____

_____

_____

_____

20___ • _____

_____

_____

_____

20___ • _____

_____

_____

_____

12

OCTOBER

One word for today.

20___ • _____

_____

_____

_____

20___ • _____

_____

_____

_____

20___ • _____

_____

_____

_____

20___ • _____

_____

_____

_____

20___ • _____

_____

_____

_____

OCTOBER

You have no patience for _____.

13

20___ • _____

_____

_____

_____

20___ • _____

_____

_____

_____

20___ • _____

_____

_____

_____

20___ • _____

_____

_____

_____

20___ • _____

_____

_____

_____

14

OCTOBER

What expression do you overuse?

20___ • _____

_____

_____

_____

20___ • _____

_____

_____

_____

20___ • _____

_____

_____

_____

20___ • _____

_____

_____

_____

20___ • _____

_____

_____

_____

OCTOBER

*How much time do you
spend commuting?*

15

20___ • _____

_____

_____

_____

20___ • _____

_____

_____

_____

20___ • _____

_____

_____

_____

20___ • _____

_____

_____

_____

20___ • _____

_____

_____

_____

16

OCTOBER

You woke up at _____.

20___ • _____
_____
_____
_____

20___ • _____
_____
_____
_____

20___ • _____
_____
_____
_____

20___ • _____
_____
_____
_____

20___ • _____
_____
_____
_____

OCTOBER

*What's the most valuable thing
you own?*

20___ •_____

_____

_____

_____

20___ •_____

_____

_____

_____

20___ •_____

_____

_____

_____

20___ •_____

_____

_____

_____

20___ •_____

_____

_____

_____

18

OCTOBER

What famous living person would
you want to meet for drinks?

20____ • _____
_____
_____
_____

20____ • _____
_____
_____
_____

20____ • _____
_____
_____
_____

20____ • _____
_____
_____
_____

20____ • _____
_____
_____
_____

*What was your last credit
card purchase?*

20___ • _____

_____

_____

_____

20___ • _____

_____

_____

_____

20___ • _____

_____

_____

_____

20___ • _____

_____

_____

_____

20___ • _____

_____

_____

_____

OCTOBER

Who do you count on?

20____ •_____

_____

_____

_____

20____ •_____

_____

_____

_____

20____ •_____

_____

_____

_____

20____ •_____

_____

_____

_____

20____ •_____

_____

_____

_____

*What new word have
you learned?*

20___ • _____

_____

_____

_____

20___ • _____

_____

_____

_____

20___ • _____

_____

_____

_____

20___ • _____

_____

_____

_____

20___ • _____

_____

_____

_____

OCTOBER

22

*Write a haiku about your day
(5 syllables/7 syllables/5 syllables).*

20___ • _____

_____

_____

_____

20___ • _____

_____

_____

_____

20___ • _____

_____

_____

_____

20___ • _____

_____

_____

_____

20___ • _____

_____

_____

_____

OCTOBER

Who is the last person in your missed calls?

23

20___ • _____

_____

_____

_____

20___ • _____

_____

_____

_____

20___ • _____

_____

_____

_____

20___ • _____

_____

_____

_____

20___ • _____

_____

_____

_____

24

OCTOBER

*How are you? Write it in a
rhyming couplet (two lines of verse
that rhyme and have the same rhythm).*

20___ •_____

_____

_____

_____

20___ •_____

_____

_____

_____

20___ •_____

_____

_____

_____

20___ •_____

_____

_____

_____

20___ •_____

_____

_____

_____

OCTOBER

*What is the most honest thing
you've said today?*

20___ • _____

_____

_____

_____

20___ • _____

_____

_____

_____

20___ • _____

_____

_____

_____

20___ • _____

_____

_____

_____

20___ • _____

_____

_____

_____

OCTOBER

*How do you feel about
your body?*

20___ • _____

_____

_____

_____

20___ • _____

_____

_____

_____

20___ • _____

_____

_____

_____

20___ • _____

_____

_____

_____

20___ • _____

_____

_____

_____

OCTOBER

*What was the last goofy
thing you did?*

27

20___ • _____

_____

_____

_____

20___ • _____

_____

_____

_____

20___ • _____

_____

_____

_____

20___ • _____

_____

_____

_____

20___ • _____

_____

_____

_____

OCTOBER

_____ *is*
completely ridiculous.

20___ • _____
_____
_____
_____

20___ • _____
_____
_____
_____

20___ • _____
_____
_____
_____

20___ • _____
_____
_____
_____

20___ • _____
_____
_____
_____

OCTOBER

Camping or hotel?

20___ •_____

_____

_____

_____

20___ •_____

_____

_____

_____

20___ •_____

_____

_____

_____

20___ •_____

_____

_____

_____

20___ •_____

_____

_____

_____

OCTOBER

*Are you able to tell when
you have enough?*

20____ • _____
_____
_____
_____

20____ • _____
_____
_____
_____

20____ • _____
_____
_____
_____

20____ • _____
_____
_____
_____

20____ • _____
_____
_____
_____

OCTOBER

Halloween plans?
What's your costume?

20___ • _____

_____

_____

_____

20___ • _____

_____

_____

_____

20___ • _____

_____

_____

_____

20___ • _____

_____

_____

_____

20___ • _____

_____

_____

_____

1

NOVEMBER

What was something you couldn't do today?

20 _ • _____

_____

_____

_____

20 _ • _____

_____

_____

_____

20 _ • _____

_____

_____

_____

20 _ • _____

_____

_____

_____

20 _ • _____

_____

_____

_____

NOVEMBER

*What's your biggest expense
right now?*

20___ • _____

_____

_____

_____

20___ • _____

_____

_____

_____

20___ • _____

_____

_____

_____

20___ • _____

_____

_____

_____

20___ • _____

_____

_____

_____

3

NOVEMBER

When did you last hold a baby?

20___ • _____

20___ • _____

20___ • _____

20___ • _____

20___ • _____

NOVEMBER

Today you made
_____.

20___ • _____
_____
_____
_____

20___ • _____
_____
_____
_____

20___ • _____
_____
_____
_____

20___ • _____
_____
_____
_____

20___ • _____
_____
_____
_____

5

NOVEMBER

What should remain as-is?

20___ • _____

_____

_____

_____

20___ • _____

_____

_____

_____

20___ • _____

_____

_____

_____

20___ • _____

_____

_____

_____

20___ • _____

_____

_____

_____

NOVEMBER

What time did you go to bed last night?

20___ • _____
_____
_____
_____

20___ • _____
_____
_____
_____

20___ • _____
_____
_____
_____

20___ • _____
_____
_____
_____

20___ • _____
_____
_____
_____

NOVEMBER

Who is your hero?

20___ •_____

_____

_____

_____

20___ •_____

_____

_____

_____

20___ •_____

_____

_____

_____

20___ •_____

_____

_____

_____

20___ •_____

_____

_____

_____

*What topic are you bored
talking about?*

20___ •_____
_____
_____
_____

20___ •_____
_____
_____
_____

20___ •_____
_____
_____
_____

20___ •_____
_____
_____
_____

20___ •_____
_____
_____
_____

Did you leave work on time?

20____ • _____

_____

_____

_____

20____ • _____

_____

_____

_____

20____ • _____

_____

_____

_____

20____ • _____

_____

_____

_____

20____ • _____

_____

_____

_____

NOVEMBER

Where do you find pleasure?

10

20___ • _____

_____

_____

_____

20___ • _____

_____

_____

_____

20___ • _____

_____

_____

_____

20___ • _____

_____

_____

_____

20___ • _____

_____

_____

_____

11

NOVEMBER

What do you always avoid?

20___ • _____

_____

_____

_____

20___ • _____

_____

_____

_____

20___ • _____

_____

_____

_____

20___ • _____

_____

_____

_____

20___ • _____

_____

_____

_____

NOVEMBER

*Is there anything missing
in your life?*

12

20___ • _____

_____

_____

_____

20___ • _____

_____

_____

_____

20___ • _____

_____

_____

_____

20___ • _____

_____

_____

_____

20___ • _____

_____

_____

_____

13

NOVEMBER

*What song could be your
self-portrait?*

20___ • _____

_____

_____

_____

20___ • _____

_____

_____

_____

20___ • _____

_____

_____

_____

20___ • _____

_____

_____

_____

20___ • _____

_____

_____

_____

NOVEMBER

14

What do you need to vent about?

20___ • _____

_____

_____

_____

20___ • _____

_____

_____

_____

20___ • _____

_____

_____

_____

20___ • _____

_____

_____

_____

20___ • _____

_____

_____

_____

15

NOVEMBER

Waking up was _____.

20___ • _____
_____
_____
_____

20___ • _____
_____
_____
_____

20___ • _____
_____
_____
_____

20___ • _____
_____
_____
_____

20___ • _____
_____
_____
_____

*What are you obsessed with
right now?*

20___ • _____

_____

_____

_____

20___ • _____

_____

_____

_____

20___ • _____

_____

_____

_____

20___ • _____

_____

_____

_____

20___ • _____

_____

_____

_____

17

NOVEMBER

Which friend(s) did you last speak to?

20___ •_____

_____

_____

_____

20___ •_____

_____

_____

_____

20___ •_____

_____

_____

_____

20___ •_____

_____

_____

_____

20___ •_____

_____

_____

_____

NOVEMBER

*What is your dream job
of the day?*

18

20___ • _____

_____

_____

_____

20___ • _____

_____

_____

_____

20___ • _____

_____

_____

_____

20___ • _____

_____

_____

_____

20___ • _____

_____

_____

_____

19

NOVEMBER

*When was the last time you checked
an online social network?*

20____ • _____

_____

_____

_____

20____ • _____

_____

_____

_____

20____ • _____

_____

_____

_____

20____ • _____

_____

_____

_____

20____ • _____

_____

_____

_____

NOVEMBER

What do you have
to get done?

20

20

20

20

20

21

NOVEMBER

What are your favorite shoes?

20____ • _____

_____

_____

_____

20____ • _____

_____

_____

_____

20____ • _____

_____

_____

_____

20____ • _____

_____

_____

_____

20____ • _____

_____

_____

_____

What are you trying to do?

20___ • _____

_____

_____

_____

20___ • _____

_____

_____

_____

20___ • _____

_____

_____

_____

20___ • _____

_____

_____

_____

20___ • _____

_____

_____

_____

NOVEMBER

What is your favorite brunch food?

20___ • _____
_____
_____
_____

20___ • _____
_____
_____
_____

20___ • _____
_____
_____
_____

20___ • _____
_____
_____
_____

20___ • _____
_____
_____
_____

NOVEMBER

*Who have you recently deleted
from your contacts/address book?*

20 ___ • _____

_____

_____

_____

20 ___ • _____

_____

_____

_____

20 ___ • _____

_____

_____

_____

20 ___ • _____

_____

_____

_____

20 ___ • _____

_____

_____

_____

NOVEMBER

*How much water did you
drink today?*

20___ • _____

_____

_____

_____

20___ • _____

_____

_____

_____

20___ • _____

_____

_____

_____

20___ • _____

_____

_____

_____

20___ • _____

_____

_____

_____

*What three words describe
your family?*

20___ •_____

_____

_____

_____

20___ •_____

_____

_____

_____

20___ •_____

_____

_____

_____

20___ •_____

_____

_____

_____

20___ •_____

_____

_____

_____

NOVEMBER

Who inspires you?

20___ • _____

_____

_____

_____

20___ • _____

_____

_____

_____

20___ • _____

_____

_____

_____

20___ • _____

_____

_____

_____

20___ • _____

_____

_____

_____

NOVEMBER

*What was the last risk
you took?*

28

20___ • _____

_____

_____

_____

20___ • _____

_____

_____

_____

20___ • _____

_____

_____

_____

20___ • _____

_____

_____

_____

20___ • _____

_____

_____

_____

NOVEMBER

*What five words describe
your mood?*

20___ •_____

_____

_____

_____

20___ •_____

_____

_____

_____

20___ •_____

_____

_____

_____

20___ •_____

_____

_____

_____

20___ •_____

_____

_____

_____

NOVEMBER

Today you almost

_____.

30

20___ • _____

_____

_____

_____

20___ • _____

_____

_____

_____

20___ • _____

_____

_____

_____

20___ • _____

_____

_____

_____

20___ • _____

_____

_____

_____

1

DECEMBER

*What would you like your
epitaph to read?*

20___ • _____
_____
_____
_____

20___ • _____
_____
_____
_____

20___ • _____
_____
_____
_____

20___ • _____
_____
_____
_____

20___ • _____
_____
_____
_____

DECEMBER

*What details from today would
you like to remember?*

20___ • _____

_____

_____

_____

20___ • _____

_____

_____

_____

20___ • _____

_____

_____

_____

20___ • _____

_____

_____

_____

20___ • _____

_____

_____

_____

DECEMBER

On a scale of one to ten, how happy are you?

20___ • _____

_____

_____

_____

20___ • _____

_____

_____

_____

20___ • _____

_____

_____

_____

20___ • _____

_____

_____

_____

20___ • _____

_____

_____

_____

DECEMBER

Do you want to know how it ends?

20___ • _____

_____

_____

_____

20___ • _____

_____

_____

_____

20___ • _____

_____

_____

_____

20___ • _____

_____

_____

_____

20___ • _____

_____

_____

_____

5

DECEMBER

Who do you miss?

20___ • _____

_____

_____

_____

20___ • _____

_____

_____

_____

20___ • _____

_____

_____

_____

20___ • _____

_____

_____

_____

20___ • _____

_____

_____

_____

DECEMBER

Today you gained

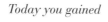

20___ • _____

_____

_____

_____

20___ • _____

_____

_____

_____

20___ • _____

_____

_____

_____

20___ • _____

_____

_____

_____

20___ • _____

_____

_____

_____

DECEMBER

Where do you see yourself next year?

20___ • _____

_____

_____

_____

20___ • _____

_____

_____

_____

20___ • _____

_____

_____

_____

20___ • _____

_____

_____

_____

20___ • _____

_____

_____

_____

DECEMBER

How ambitious do you feel today?

20___ • _____

_____

_____

_____

20___ • _____

_____

_____

_____

20___ • _____

_____

_____

_____

20___ • _____

_____

_____

_____

20___ • _____

_____

_____

_____

DECEMBER

*What is your most recent act
of generosity?*

20___ • _____

_____

_____

_____

20___ • _____

_____

_____

_____

20___ • _____

_____

_____

_____

20___ • _____

_____

_____

_____

20___ • _____

_____

_____

_____

DECEMBER

What surprised you today?

20___ • _____

_____

_____

_____

20___ • _____

_____

_____

_____

20___ • _____

_____

_____

_____

20___ • _____

_____

_____

_____

20___ • _____

_____

_____

_____

11

DECEMBER

Where do you find joy?

20___ • _____

_____

_____

_____

20___ • _____

_____

_____

_____

20___ • _____

_____

_____

_____

20___ • _____

_____

_____

_____

20___ • _____

_____

_____

_____

What's on your wish list?

12

20___ • _____

_____

_____

_____

20___ • _____

_____

_____

_____

20___ • _____

_____

_____

_____

20___ • _____

_____

_____

_____

20___ • _____

_____

_____

_____

13

DECEMBER

What is your biggest regret?

20___ • _____

_____

_____

_____

20___ • _____

_____

_____

_____

20___ • _____

_____

_____

_____

20___ • _____

_____

_____

_____

20___ • _____

_____

_____

_____

DECEMBER

Why are you impressive?

20___ • _____

_____

_____

_____

20___ • _____

_____

_____

_____

20___ • _____

_____

_____

_____

20___ • _____

_____

_____

_____

20___ • _____

_____

_____

_____

15

DECEMBER

Moderation or excess?

20___ • _____

_____

_____

_____

20___ • _____

_____

_____

_____

20___ • _____

_____

_____

_____

20___ • _____

_____

_____

_____

20___ • _____

_____

_____

_____

DECEMBER

What do you find irresistible?

16

20___ •_____

_____

_____

_____

20___ •_____

_____

_____

_____

20___ •_____

_____

_____

_____

20___ •_____

_____

_____

_____

20___ •_____

_____

_____

_____

DECEMBER

*If you had to move to a new city,
where would you move?*

20___ • _____
_____
_____
_____
_____

20___ • _____
_____
_____
_____
_____

20___ • _____
_____
_____
_____
_____

20___ • _____
_____
_____
_____
_____

20___ • _____
_____
_____
_____

DECEMBER

What do you like to talk about?

18

20___ • _____

_____

_____

_____

20___ • _____

_____

_____

_____

20___ • _____

_____

_____

_____

20___ • _____

_____

_____

_____

20___ • _____

_____

_____

_____

19

DECEMBER

If you could change one thing about today, what would it be?

20___ •_____

_____

_____

_____

20___ •_____

_____

_____

_____

20___ •_____

_____

_____

_____

20___ •_____

_____

_____

_____

20___ •_____

_____

_____

_____

DECEMBER

What is your dream vacation?

20 ___ • _____

_____

_____

_____

20 ___ • _____

_____

_____

_____

20 ___ • _____

_____

_____

_____

20 ___ • _____

_____

_____

_____

20 ___ • _____

_____

_____

_____

DECEMBER

If you could be the best at anything, what would it be?

20___ • _____

_____

_____

_____

20___ • _____

_____

_____

_____

20___ • _____

_____

_____

_____

20___ • _____

_____

_____

_____

20___ • _____

_____

_____

_____

DECEMBER

Did you meet someone new recently? If so, who was it?

20___ • _____

_____

_____

_____

20___ • _____

_____

_____

_____

20___ • _____

_____

_____

_____

20___ • _____

_____

_____

_____

20___ • _____

_____

_____

_____

DECEMBER

What's your favorite cereal?

20___ • _____

_____

_____

_____

20___ • _____

_____

_____

_____

20___ • _____

_____

_____

_____

20___ • _____

_____

_____

_____

20___ • _____

_____

_____

_____

DECEMBER

Write down a recent transition.

20___ • _____

_____

_____

_____

20___ • _____

_____

_____

_____

20___ • _____

_____

_____

_____

20___ • _____

_____

_____

_____

20___ • _____

_____

_____

_____

DECEMBER

Write down five words that describe today.

20___ • _____

_____

_____

_____

20___ • _____

_____

_____

_____

20___ • _____

_____

_____

_____

20___ • _____

_____

_____

_____

20___ • _____

_____

_____

_____

DECEMBER

On a scale of one to ten, how spontaneous were you today?

20___ • _____

_____

_____

_____

20___ • _____

_____

_____

_____

20___ • _____

_____

_____

_____

20___ • _____

_____

_____

_____

20___ • _____

_____

_____

_____

DECEMBER

*When was the last time you felt
at peace?*

20___ • _____

_____

_____

_____

20___ • _____

_____

_____

_____

20___ • _____

_____

_____

_____

20___ • _____

_____

_____

_____

20___ • _____

_____

_____

_____

DECEMBER

*Snuggle down or go out
and play?*

20___ • _____

_____

_____

_____

20___ • _____

_____

_____

_____

20___ • _____

_____

_____

_____

20___ • _____

_____

_____

_____

20___ • _____

_____

_____

_____

DECEMBER

What are your top three wishes?

20___ •_____

_____

_____

_____

20___ •_____

_____

_____

_____

20___ •_____

_____

_____

_____

20___ •_____

_____

_____

_____

20___ •_____

_____

_____

_____

DECEMBER

*List what you've eaten for
the past week.*

20___ • _____

_____

_____

_____

20___ • _____

_____

_____

_____

20___ • _____

_____

_____

_____

20___ • _____

_____

_____

_____

20___ • _____

_____

_____

_____

31

DECEMBER

*What is your most cherished
memory of this year?*

20_____ • _____

_____

_____

_____

20_____ • _____

_____

_____

_____

20_____ • _____

_____

_____

_____

20_____ • _____

_____

_____

_____

20_____ • _____

_____

_____

_____